Impressum
Verlag: BABADADA GmbH, Nedderfeld 112 , 22529 Hamburg
Geschäftsführer / Verlagsleitung: Harald Hof
Druck: Books on Demand GmbH, In de Tarpen 42, 22848 Norderstedt

Imprint
Publisher: BABADADA GmbH, Nedderfeld 112 , 22529 Hamburg, Germany
Managing Director / Publishing direction: Harald Hof
Print: Books on Demand GmbH, In de Tarpen 42, 22848 Norderstedt

dugsi
school

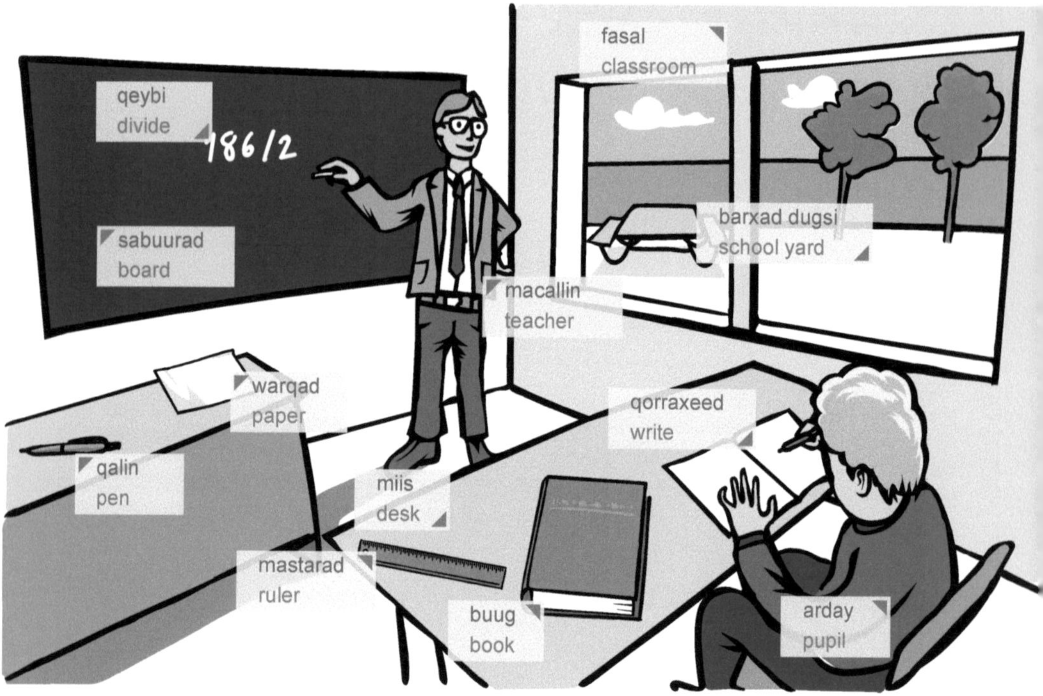

qeybi
divide
186/2
fasal
classroom
sabuurad
board
barxad dugsi
school yard
macallin
teacher
warqad
paper
qorraxeed
write
qalin
pen
miis
desk
mastarad
ruler
buug
book
arday
pupil

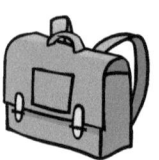

boorso

satchel

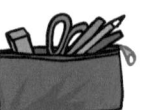

kiis qalin-qori

pencil case

qalin-qori

pencil

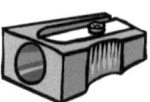

koobka qalin qor

pencil sharpener

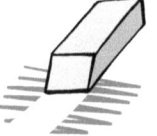

titirre

rubber

buugga sawirka

drawing pad

sawirid

drawing

burushka midabaynta

paintbrush

gasaca midabaynta

paint box

maqasyo

scissors

koollo

glue

buug qoraal

exercise book

shaqo-guri

homework

lambar

number

2+2

ku dar

add

5-2

ka jar

subtract

2×2

ku dhufo

multiply

xisaabi

calculate

A

warqad

letter

ABCDEFG HIJKLMN OPQRSTU VWXYZ

alifbeeto

alphabet

erey

word

qoraal

text

akhri

read

jeesto

chalk

cahsar

lesson

diiwaan

register

imtixaan

examination

shahaado

certificate

direes dugsi

school uniform

waxbarasho

education

diwaan mowduuceed

encyclopedia

jaamacad

university

mayskariskoob

microscope

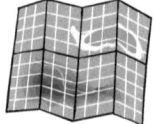

khariidad

map

haan qashin-gur

waste-paper basket

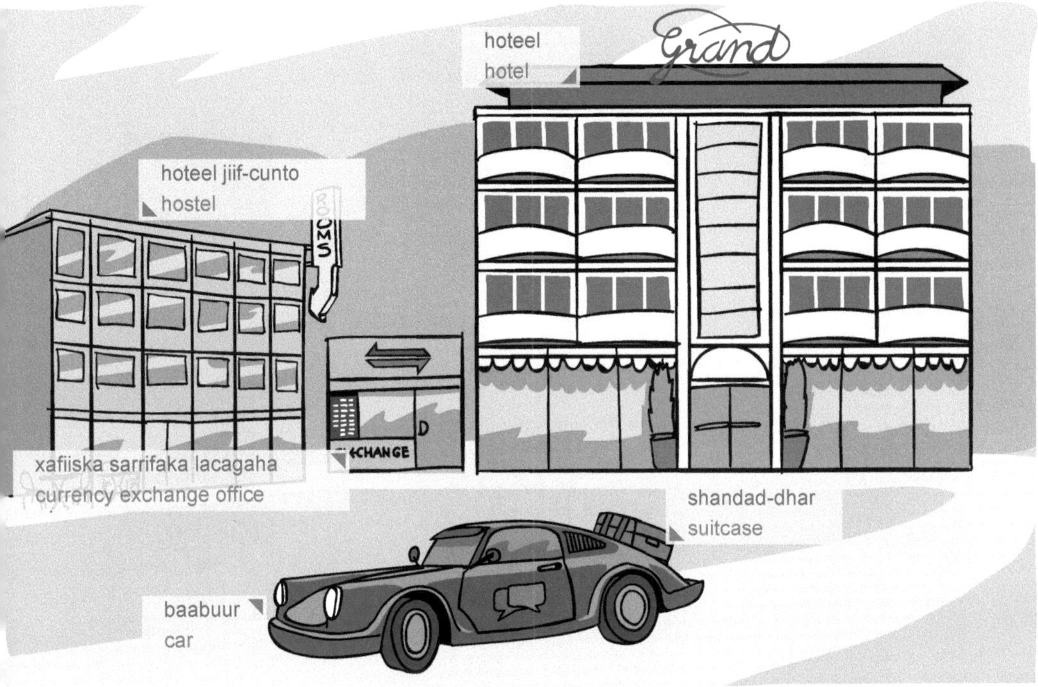
hoteel
hotel
Grand
hoteel jiif-cunto
hostel
ROOMS
EXCHANGE
xafiiska sarrifaka lacagaha
currency exchange office
shandad-dhar
suitcase
baabuur
car

luuqad

language

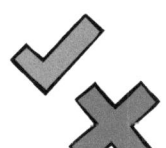

haa / maya

yes / no

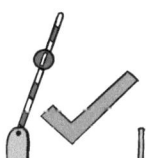

Hagaag

Okay

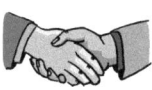

nabad miyaa

hello

turjumaan

translator

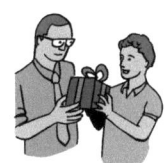

Waad mahadsan tahay

Thank you

waa immisa…?

how much is…?

ma aanan fahamin

I don´t get it

dhibaato

problem

galab wanaagsan!

Good evening!

subax wanaagsan!

Good morning!

habeen wanaagsan!

Good night!

nabad gelyo

goodbye

jiho

direction

alaabo

luggage

boorso

bag

boorso-dhabar

backpack

marti

guest

qol

room

katiifad

sleeping bag

teendho

tent

xog dalxiis

tourist information

xeebta

beach

kaar amaah

credit card

quraac

breakfast

qado

lunch

casho

dinner

rasiid

Ticket

wiish

elevator

tiimbare

stamp

xuduud

border

qeybta-canshuur-bixinta

customs

safaarad

embassy

dal ku gal

visa

baasaboor

passport

gaadiid

transport

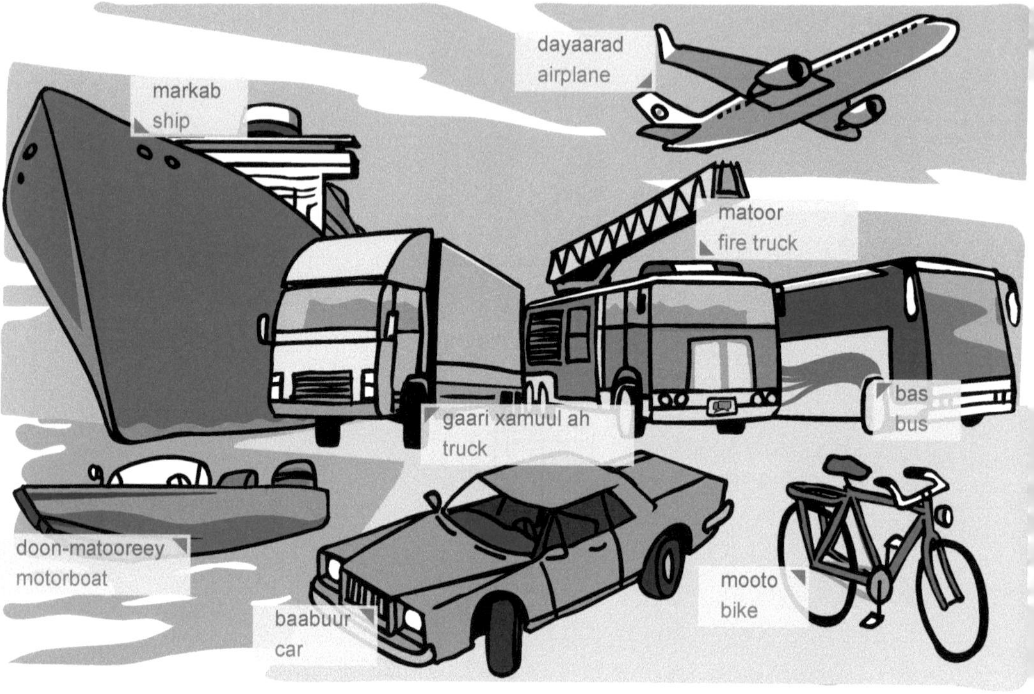

dayaarad
airplane
markab
ship
matoor
fire truck
bas
bus
gaari xamuul ah
truck
doon-matooreey
motorboat
mooto
bike
baabuur
car

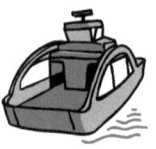

doon

ferry

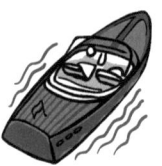

doonnida

boat

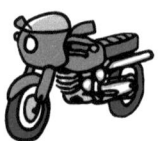

mooto

motorbike

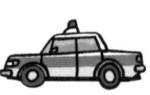

baabuur booliis

police car

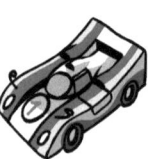

baabuur baratan

racing car

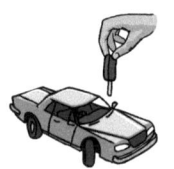

baabuur la-kiraysto

rental car

gaadiid-wadaag

car sharing

wiishle

tow truck

gaari qashin-gure

garbage truck

matoor

engine

shidaal

fuel

ajib

fuel station

calaamad taraafiko

traffic sign

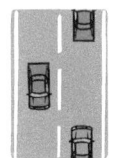

taraafiko

traffic

jaam baabuur

traffic jam

baarkin-baabuur

parking lot

boosteejo tareen

train station

waddo-tareen

tracks

tareen

train

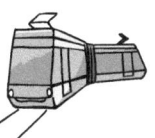

taraam

tram

gaari faras

wagon

helikobtar

helicopter

garoonka dayuuradaha

airport

manaarad

tower

rakaab

passenger

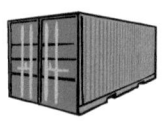

weel

container

kartoon

carton

gaari faras

cart

dambiil

basket

kicid / degis

take off / land

magaalo
city

tuulo

village

faras magaale

city center

guri

house

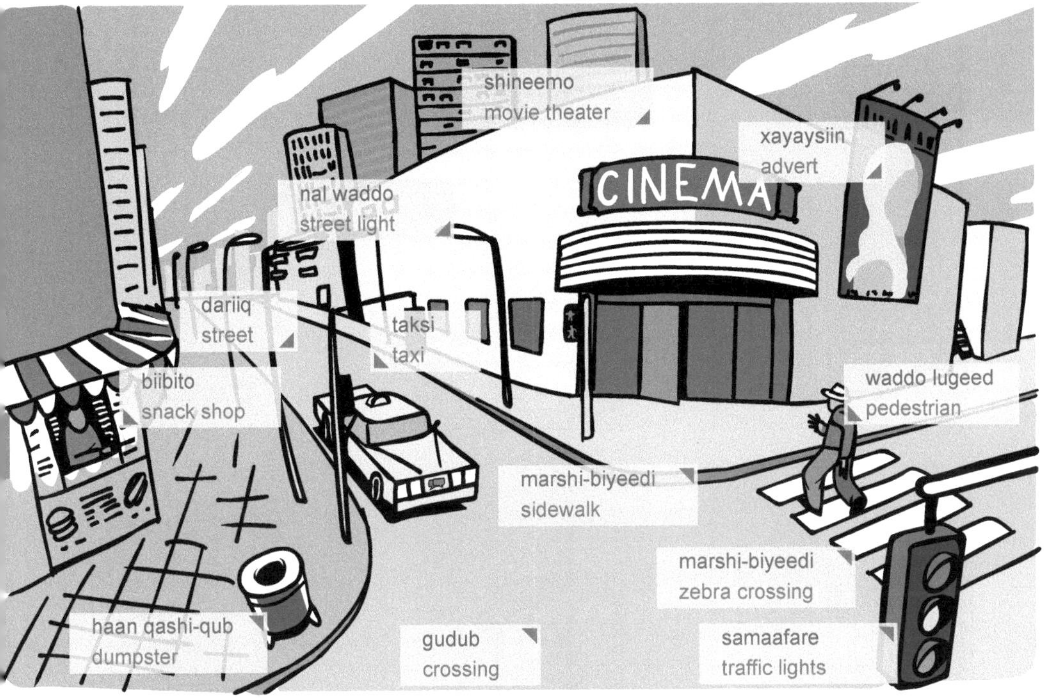

shineemo
movie theater

xayaysiin
advert

nal waddo
street light

CINEMA

dariiq
street

taksi
taxi

biibito
snack shop

waddo lugeed
pedestrian

marshi-biyeedi
sidewalk

marshi-biyeedi
zebra crossing

haan qashi-qub
dumpster

gudub
crossing

samaafare
traffic lights

mundul

hut

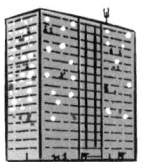

dabaq

apartment

boosteejo tareen

train station

xarunta dowladda-hoose

city hall

matxaf

museum

dugsi

school

magaalo - city

jaamacad

university

bangi

bank

isbitaal

hospital

hoteel

hotel

farmasi

pharmacy

xafiis

office

buug shoob

book shop

dukaan

shop

dukaan ubax

flower shop

carwo

supermarket

suuq

market

suuq weyne

department store

kalluun-iibshe

fishmonger's shop

suuq

mall

furdo

harbor

jardiino

park

kursi

bench

buundo

bridge

jaraanjaro

stairs

waddo-tareen-hoosaad

subway

waddo-dhul hoose

tunnel

boosteejo

bus stop

baar

bar

makhaayad

restaurant

sanduuq boosto

postbox

calaamad waddo

street sign

joogid-cabbire

parking meter

beer-xayawaan

zoo

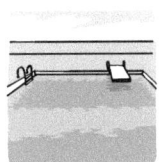

barkad dabbaalasho

swimming pool

masaajid

mosque

beer

farm

naqas

pollution

qabuuro

cemetery

kaniisad

church

garoon

playground

macbad

temple

muqaal-dhireed

landscape

caleen
leaf

calaamad-waddo
signpost

waddo
path

seere
meadow

dhagax
stone

geed
tree

buur korre
hiker

webi
river

caws
grass

ubax
flower

dooxo

valley

buur

hill

laag

lake

kayn

forest

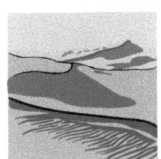

saxare

desert

foolkaano

volcano

qasri

castle

qaanso-roobaad

rainbow

barkin-waraabe

mushroom

geed timireed

palm tree

kaneeco

mosquito

duqsi

fly

qoraanjo

ant

shinni

bee

caaro

spider

dameer-duudeey

beetle

rah

frog

dabagaalle

squirrel

kashiito

hedgehog

dabagaalle

hare

guumeys

owl

shimbir

bird

boolo-boolo

swan

doofaar-jilibeey

boar

deero

deer

faras-duur

moose

biyo-xireen

dam

tamar-dhaliye

wind turbine

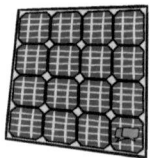

soollar

solar panel

cimilo

climate

kabalyeeri
waiter

warqad qiimo
menu

kursi
chair

maraq
soup

biise
pizza

maro-miis
tablecloth

alaab
cutlery

af-billow
starter

cunto bariimo
main course

macmacaan
dessert

cabitaan
drinks

cunto
food

dhalo
bottle

cunto diyaarsan

fast food

cunto-waddo

street food

jalmad shaah

teapot

weelka sonkorta

sugar bowl

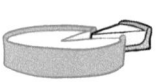

qayb

portion

mashiinka isbareesada

espresso machine

kursi dheer

high chair

biil

bill

tereey

tray

mindi

knife

fargeeto

fork

qaaddo

spoon

malqacad-shaah

teaspoon

shukumaan miis

serviette

galaas

glass

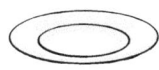

saxan

plate

saxanka maraqa

soup plate

saxan

saucer

suugo

sauce

weelka cusbada

salt shaker

basbaas shiide

pepper mill

fixiye

vinegar

saliid

oil

dhandhanaan

spices

suugo

ketchup

mastaard

mustard

mayoonees

mayonnaise

carwo

supermarket

qiima dhimis qaas ah
special offer
FOR
macmiil
customer
caano
dairy products
miro
fruit
gaariga adeega
shopping cart

BUTCHERS

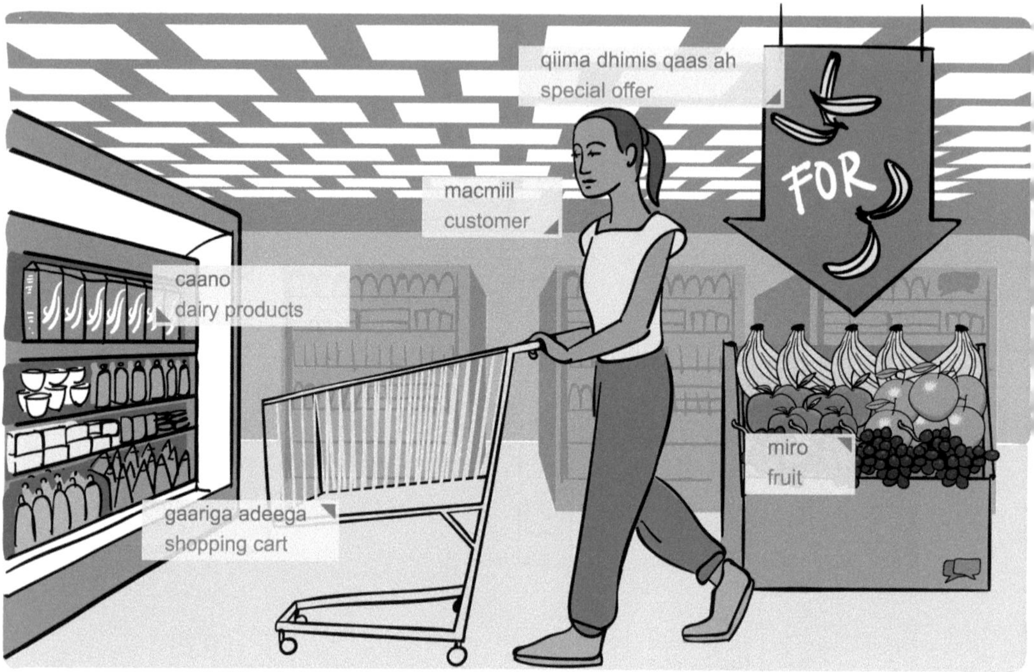

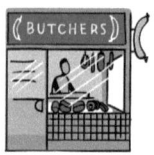

kawaan

butcher's shop

BAKERY

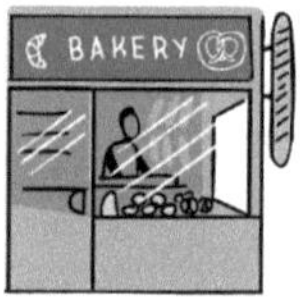

foorno

bakery

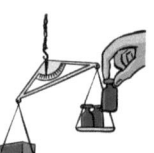

cabbir

weigh

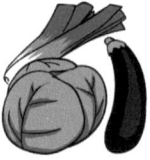

khudaar

vegetables

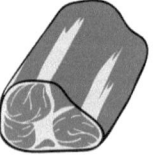

hilib

meat

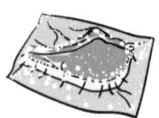

cunto la qaboojiyay

frozen food

hilibka qadada

cold cuts

cunto gasacadeysan

canned food

oomo

detergent

macmacaan

candy

alaabada guri

household products

alaabo nadaafad

cleaning products

iibshe

sales representative

diiwaan lacagta

cash register

qasnaji

cashier

liis adeeg

shopping list

saacadaha shaqo

opening hours

shandada jeebka

wallet

kaar amaah

credit card

bac

bag

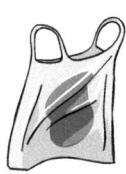

bac

plastic bag

drinks

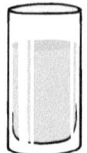

biyo

water

casiir

juice

caano

milk

kooka-kola

coke

khamri

wine

biir

beer

khamri

alcohol

kooke

cocoa

shaah

tea

kafee

coffee

isberesso

espresso

koobishiin

cappuccino

muus

banana

tufaax

apple

liin-bambeelmo

orange

qare

melon

liin

lemon

karooto

carrot

toon

garlic

baambuu

bamboo

basal

onion

barkin-waraabe

mushroom

loos

nuts

baasto

noodles

baasto

spaghetti

bariis

rice

salar

salad

jibsi

fries

baradho shiilan

fried potatoes

biise

pizza

haambeegar

hamburger

saanwij

sandwich

hilib-jiir

escalope

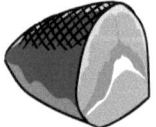

hilib-doofaar

ham

salami

salami

sooseej

sausage

hilib-digaag

chicken

duban

roast

kalluun

fish

sareenta mashaarida

porridge oats

quraac isku-dhafan

muesli

daango

cornflakes

bur

flour

nooc rooti ah

croissant

rooti

bread roll

rooti

bread

rooti-la-kulluleeyey

toast

buskud

cookies

subag

butter

hanti

curd

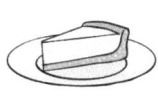

doolsho

cake

ukun

egg

ukun shiilan

fried egg

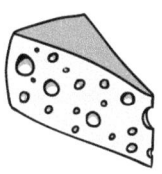

burcad

cheese

jalaato

ice cream

sonkor

sugar

malab

honey

malmalaado

jelly

labeen macmacaan

nougat cream

suugo

curry

beer

farm

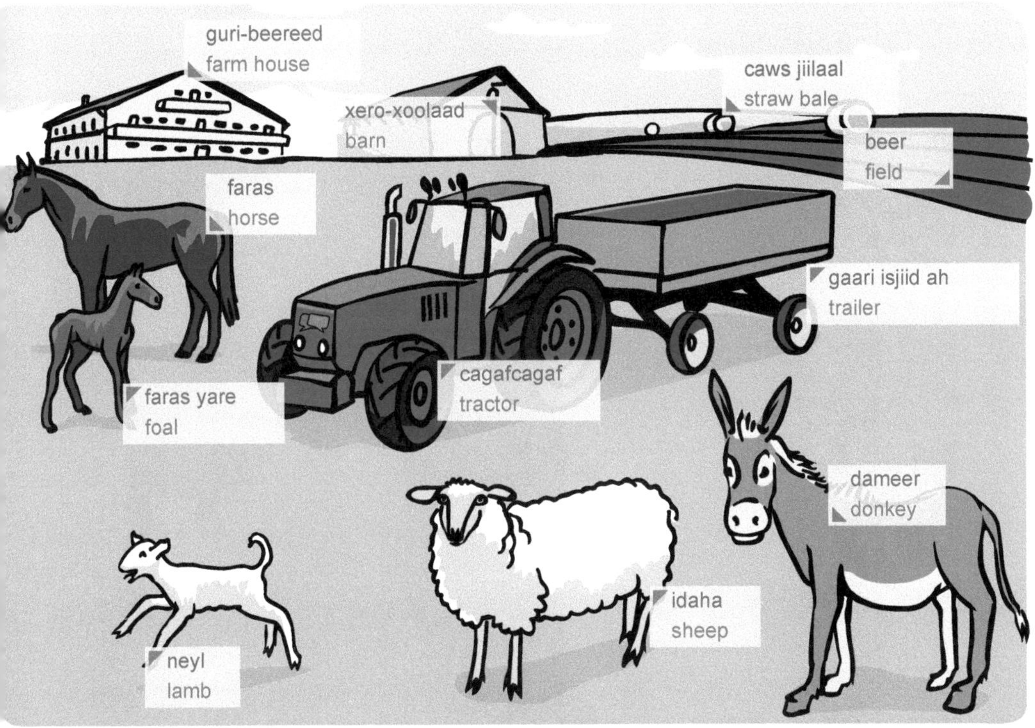

guri-beereed
farm house
xero-xoolaad
barn
caws jiilaal
straw bale
beer
field
faras
horse
gaari isjiid ah
trailer
cagafcagaf
tractor
faras yare
foal
dameer
donkey
idaha
sheep
neyl
lamb

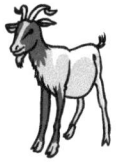

ri'

goat

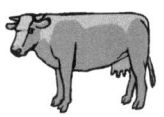

sac

cow

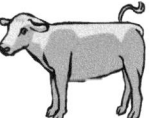

weyl

calf

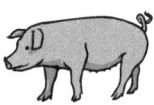

doofaar

pig

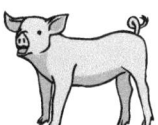

dhal doofaar

piglet

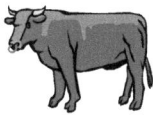

dibi

bull

bawaato lab

goose

bawaato

duck

jiijiile

chick

digaag

hen

diiq

cockerel

doolli

rat

bisad

cat

jiir

mouse

dibi

ox

eey

dog

hoyga eeyga

dog house

tuubbo waraab

garden hose

sakeelka waraabinta

watering can

gudin

scythe

carro-roge

plow

gudin

sickle

yaambo

hoe

fargeeto caws-beereed

pitchfork

faas

axe

gaari -gacan

pushcart

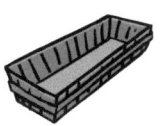

dar

trough

dhalada caanaha

milk can

jawaan

sack

deer

fence

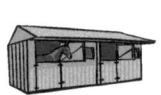

xero xooleed

stable

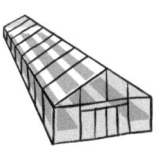

gur-biqlin-dhireed

greenhouse

ciidda

soil

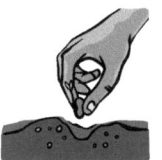

abuuka

seed

bacrimiye

fertilizer

cagafta beer-goynta

combine harvester

beer-goyn

harvest

beer-gooyn

harvest

moxog

yams

sarreen

wheat

soya

soya

baradho

potato

galley

corn

geed-saliideed

rapeseed

geed mirood

fruit tree

moxog

manioc

firiley

grain

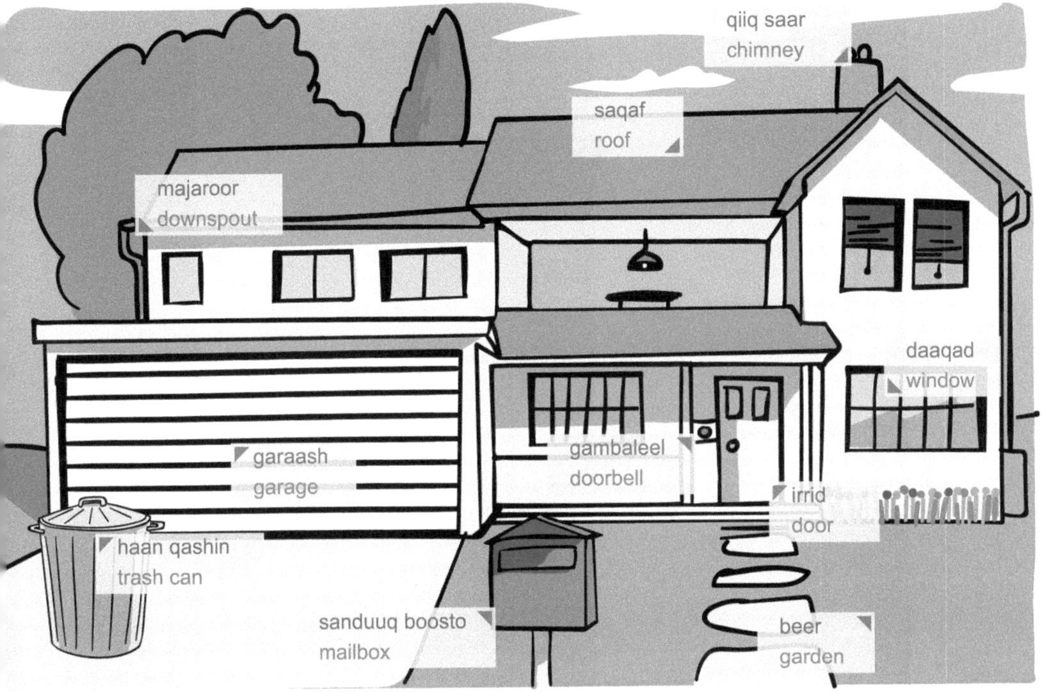

qiiq saar
chimney

saqaf
roof

majaroor
downspout

daaqad
window

garaash
garage

gambaleel
doorbell

irrid
door

haan qashin
trash can

sanduuq boosto
mailbox

beer
garden

qol jiib

living room

musqul-qubeys

bathroom

jiko

kitchen

qolka jiifka

bedroom

qolka ilmaha

kids room

qolka cuntada

dining room

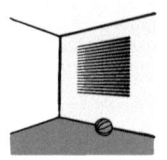

sagxad

floor

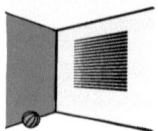

derbi

wall

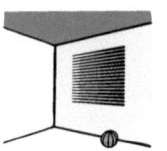

saqaf

ceiling

makhaasiin

cellar

soona

sauna

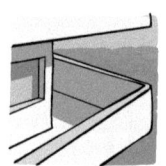

balakoon

balcony

daarad

terrace

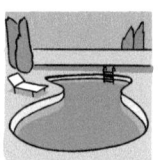

barkad

pool

caws-jare

lawn mower

buste

sheet

go'

bedspread

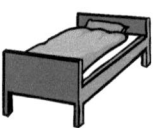

sariir

bed

xaaqin

broom

baaldi

bucket

daare-damiye

switch

qol jiib
living room

sharaaxd-derbi
wallpaper
sawir
picture
feynuus
lamp
qaanad
shelf
armaajo
cabinet
telefiishan
television
dab-shid
fireplace
ubax
flower
barkin
cushion
fadhi-carbeed
sofa
dheri-ubax
vase
rimuud
remote control

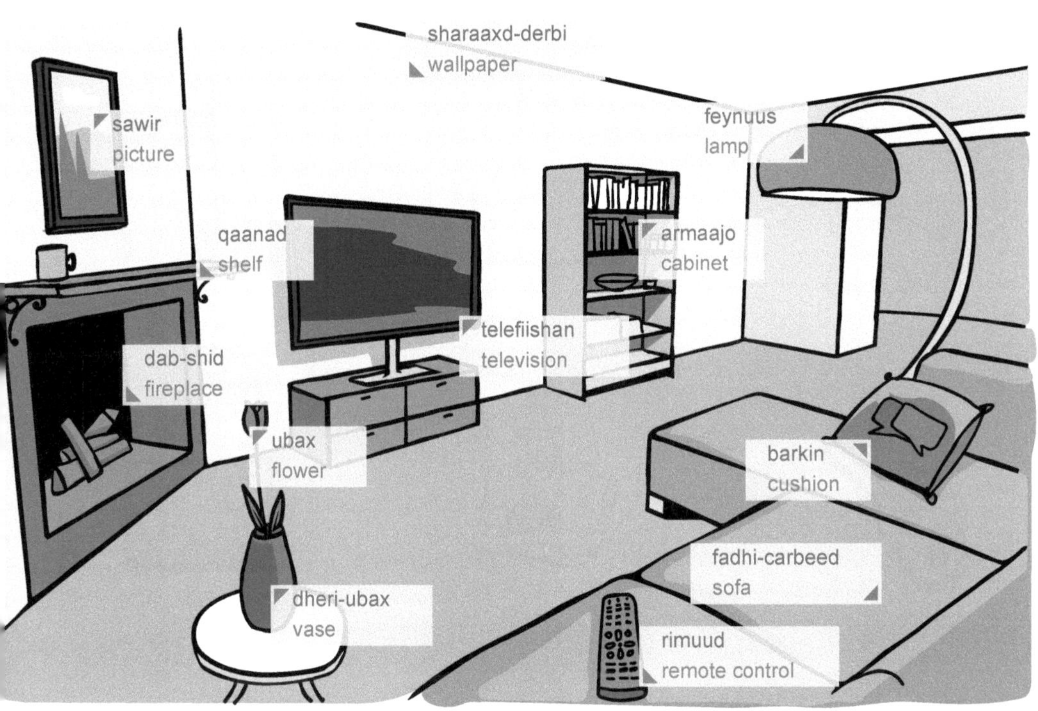

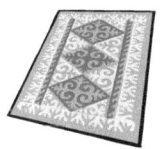

roog

carpet

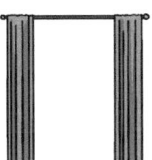

daah

drape

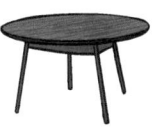

miis

table

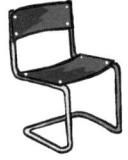

kursi

chair

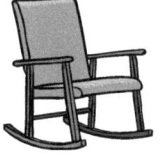

kursi wareega

rocking chair

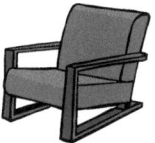

kursi fadhi

armchair

buug

book

buste

blanket

qurxin

decoration

xaabo

firewood

filin

film

cod-baahiye

stereo system

fure

key

wargeys

newspaper

rinjiyeyn

painting

tabeelo

poster

raadiye

radio

xusuus-qor

notebook

huufar

vacuum cleaner

tiitiin

cactus

shumac

candle

jiko
kitchen

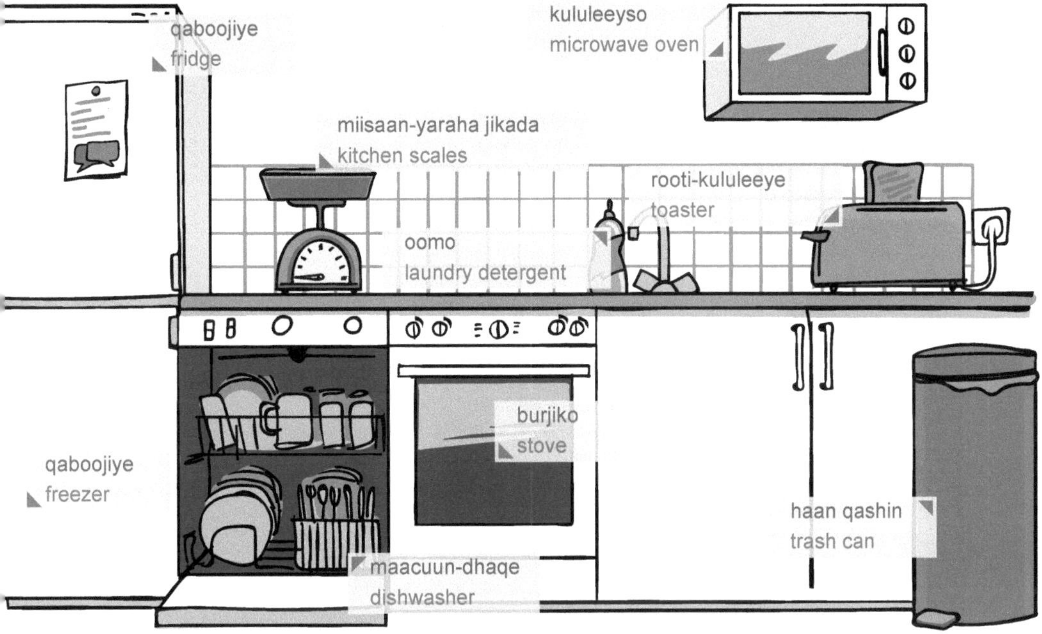
qaboojiye
fridge
kululeeyso
microwave oven
miisaan-yaraha jikada
kitchen scales
rooti-kululeeye
toaster
oomo
laundry detergent
burjiko
stove
qaboojiye
freezer
haan qashin
trash can
maacuun-dhaqe
dishwasher

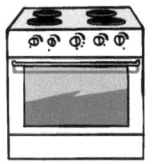

kuuker

cooker

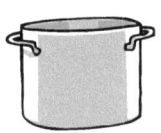

dheri

pot

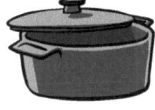

birtaawo

cast-iron pot

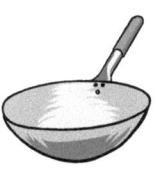

birtaawo

wok / kadai

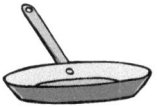

birtaawo

pan

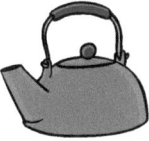

kirli

kettle

uumiye

steamer

saxaarad dubista

baking tray

maacuun

crockery

bakeeri

mug

baaquli

bowl

qoryo wax lagu cuno

chopsticks

malqacad

ladle

qaado

spatula

folow

whisk

miire

strainer

shashaq

sieve

qudaar-jare

grater

mooye

mortar

hilib-sol

barbecue

dab

fireplace

alwaaxa wax-jar-jarka

chopping board

ul jabaati

rolling pin

guf-saare

corkscrew

gasac

can

gasac-fure

can opener

istaraasho-jiko

oven cloth

saxanka-alaab-dhaqa

sink

caday

brush

isbuunyo

sponge

shiide

blender

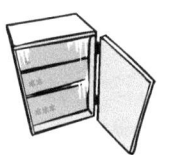

qaabojin qoto-dheer

deep freezer

masaasad

baby bottle

tuubbo

tap

qubeys
shower

kululeeye
heating

shukumaan
towel

daaha qubeyska
shower curtain

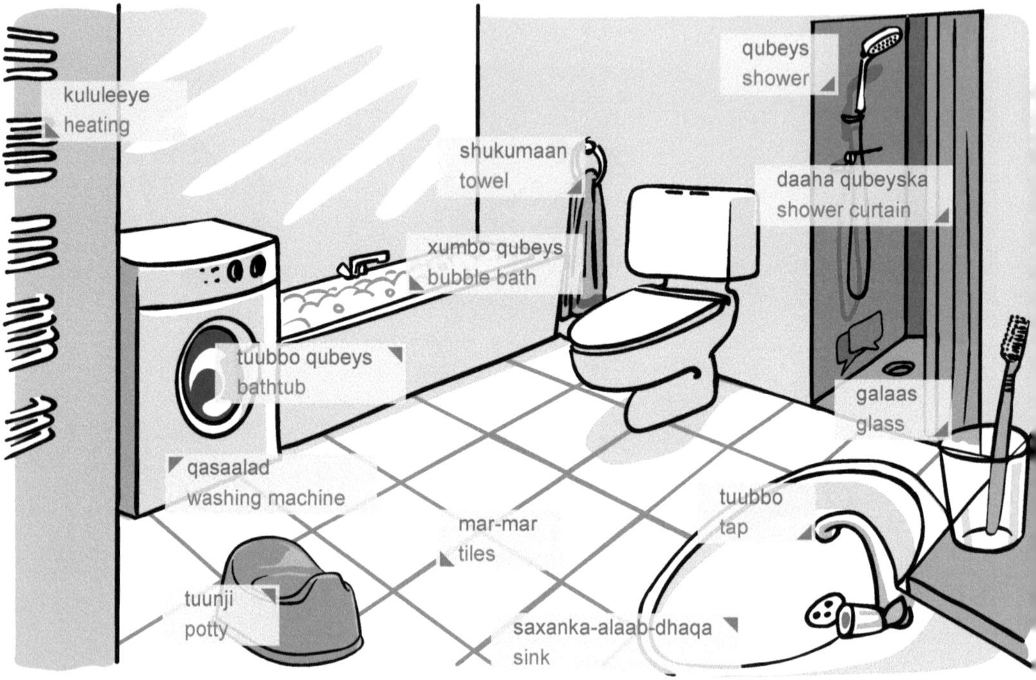

xumbo qubeys
bubble bath

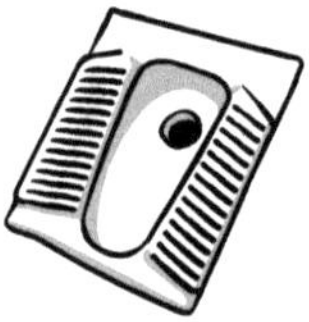

tuubbo qubeys
bathtub

galaas
glass

qasaalad
washing machine

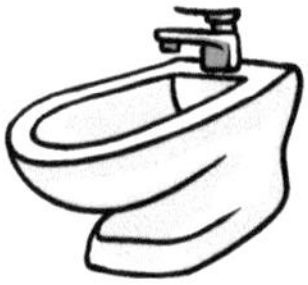

tuubbo
tap

mar-mar
tiles

tuunji
potty

saxanka-alaab-dhaqa
sink

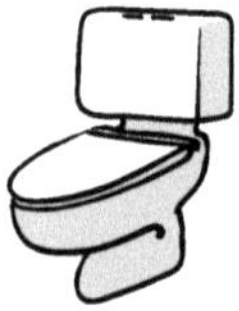

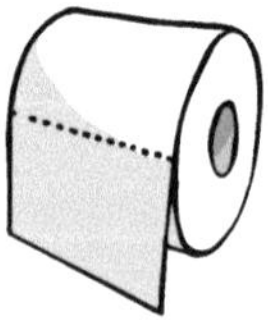

musqul	musqusha fadhiga	siin
toilet	squat toilet	bidet
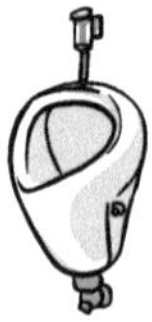 weel kaadi	tiish musqul	burushka musqusha
urinal	toilet paper	toilet brush

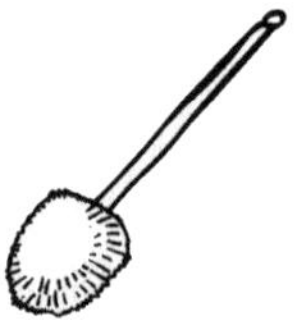

caday

toothbrush

daawo caday

toothpaste

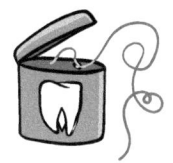

dunta ilka farashada

dental floss

dhaq

wash

gacan qubeys

hand shower

tuubo-musqul

douche

beeshin

basin

burush-qubeys

back brush

saabuun

soap

shaambo

shower gel

shaambo

shampoo

cago-saar

flannel

biyo-saare

drain

kareem

creme

carfiso

deodorant

muraayad

mirror

muraayad gacmeed

hand mirror

sakiin

razor

xumbada xiirashada

shaving foam

daawo gar-xiir

aftershave

shanlo

comb

burush

brush

fooneeye

hair-dryer

timo-buufis

hairspray

waji-qurxiye

makeup

rooseeto

lipstick

cidiyo-nadiifiye

nail varnish

dun

cotton wool

cidiyo-jar

nail scissors

baarafuun

perfume

boorso-wajidhaq

washbag

saxaro

stool

miisaan culays

weighing scales

dhar-qubeys

bathrobe

gacma gashi cinjir

rubber gloves

tambooni

tampon

tiimshe

sanitary towel

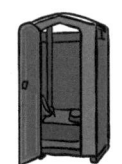

musqul kiimiko

chemical toilet

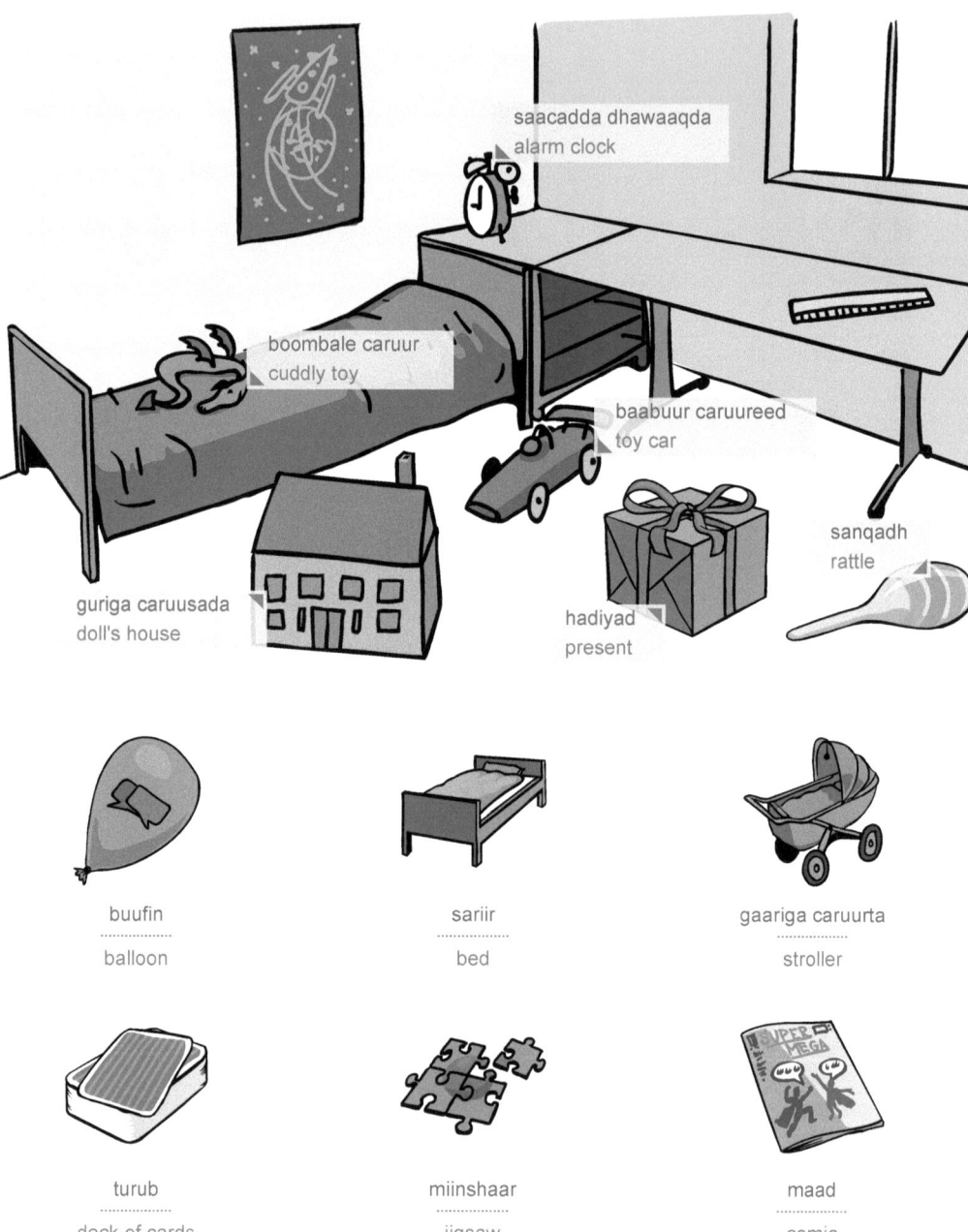

saacadda dhawaaqda
alarm clock

boombale caruur
cuddly toy

baabuur caruureed
toy car

sanqadh
rattle

guriga caruusada
doll's house

hadiyad
present

buufin	sariir	gaariga caruurta
balloon	bed	stroller

turub	miinshaar	maad
deck of cards	jigsaw	comic

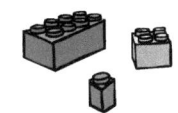

bulkeeti boombale ah

lego bricks

tooy

toy blocks

sanam

action figure

isku-jooga dhallaanka

romper suit

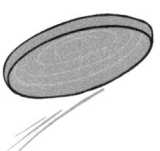

aalad cayaar

frisbee

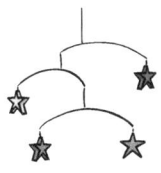

moobaayl

mobile

khamaar

board game

laadhuu

dice

moodo tareen

model train set

boombale

pacifier

xaflad

party

buug sawirro

picture book

kubbad

ball

boombale

doll

cayaar

play

dhoobo-dhoobeey

sandpit

wiifoow

swing

alaab-alaabeey

toys

geemka gacanta laga hago

video game console

baaskiil

tricycle

boombale

teddy bear

armaajo dhar

wardrobe

dhar

clothing

sigisaan

socks

sigsaan haween

stockings

surwaal-dhuuqsan

tights

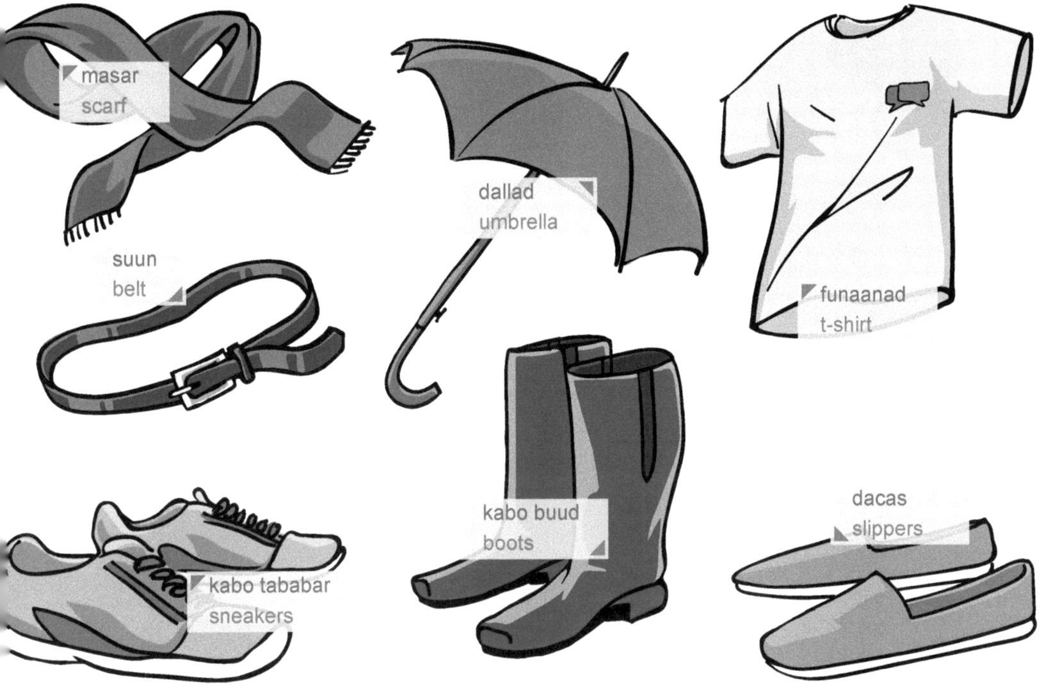

masar
scarf

dallad
umbrella

funaanad
t-shirt

suun
belt

kabo buud
boots

dacas
slippers

kabo tababar
sneakers

saandalo
sandals

kabo
shoes

kabo roob
rubber boots

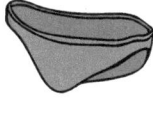

hoos-gashi
underwear

rajabeeto
bra

garan
undershirt

jir

body

surwaal

pants

surwaal jeenis

jeans

goono

skirt

canbuur

blouse

shaati

shirt

funaanad-dhaxameed

pullover

garan dhaxameed

sweater

jaakad fudud

blazer

jaakad

jacket

koodh

coat

koodhka roobka

raincoat

dhar-munaasabadeed

costume

labbis

dress

lebbis aroos

wedding dress

suut

suit

dhar-hurdo

nightgown

bajaamo

pajamas

saari

sari

masar

headscarf

cimaamad

turban

cabaayad

burka

saako

kaftan

cabaayad

abaya

dharka-dabaasha

swimsuit

dabo-gaabyo

trunks

surwaal-dabagaab

shorts

taraak-suut

tracksuit

dufan-dhowr

apron

gacmo gashi

gloves

galluus

button

ookiyaale

glasses

jijin

bracelet

silis

necklace

faraati

ring

dhego dhego

earring

koofiyo

cap

katabaan

coat hanger

koofiyad

hat

garabaati

tie

jiinyeer

zip

helmed

helmet

ilko-reeb

braces

direes dugsi

school uniform

direes

uniform

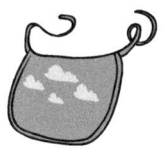

cayo-dhowr

bib

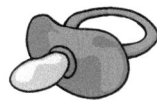

boombale

pacifier

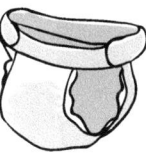

maro-dufeed

diaper

xafiis

office

khad-bixiye
server
armaajo feylal
filing cabinet
daabace
printer
warqad
paper
shaashad
monitor
hage kombuyuutar
mouse
miis
desk
gal
folder
teeb-kombuyuutar
keyboard
haan qashin-gur
waste-paper basket
kombuyuutar
computer
kursi
chair

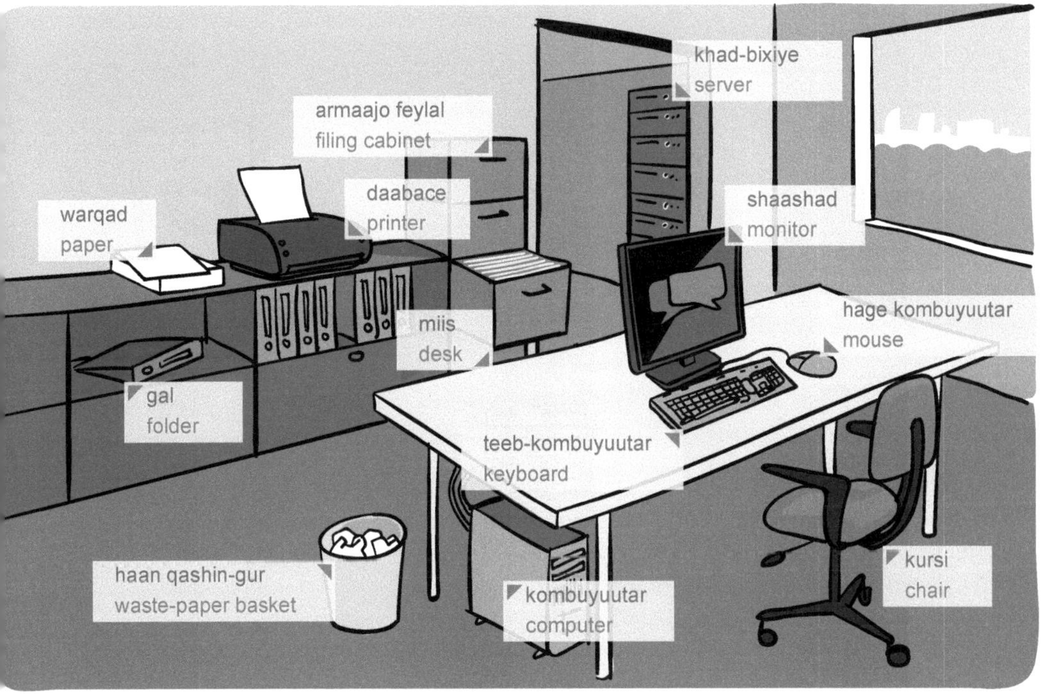

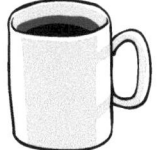

koob kafee

coffee mug

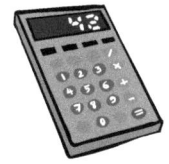

kalkuleytar/xisaabiye

calculator

internet

internet

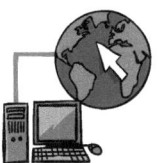

laabtoob

laptop

bakhshad

letter

fariin

message

moobaayl

cell phone

shabakad-kombuyuutar

network

footokoobi

photocopier

barnaamij-kombuyuutar

software

telefoon

telephone

god koronto

plug socket

mishiinkan fax-ka

fax machine

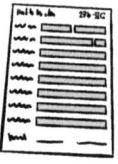

foomka

form

dokumenti

document

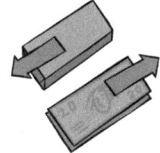

iibso

buy

bixi

pay

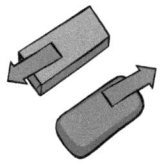

ganacso

trade

lacag

money

USD

doollar

dollar

EUR

yuuro

euro

JPY

yenka jabbaan

yen

RUB

robolka ruushka

rouble

CHF

Franka iswiiska

Swiss franc

CNY

lacagta shiinaha

renminbi yuan

INR

rubiyada hindiga

rupee

maqal

cash point

xafiiska sarrifaka lacagaha

currency exchange office

dahab

gold

qalin

silver

shidaal

oil

tamar

energy

qiime

price

qandaraas

contract

canshuur

tax

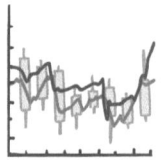

raasumaal

stock

shaqee

work

shaqaale

employee

shaqaaleysiiye

employer

warshad

factory

dukaan

shop

shaqooyin
occupations

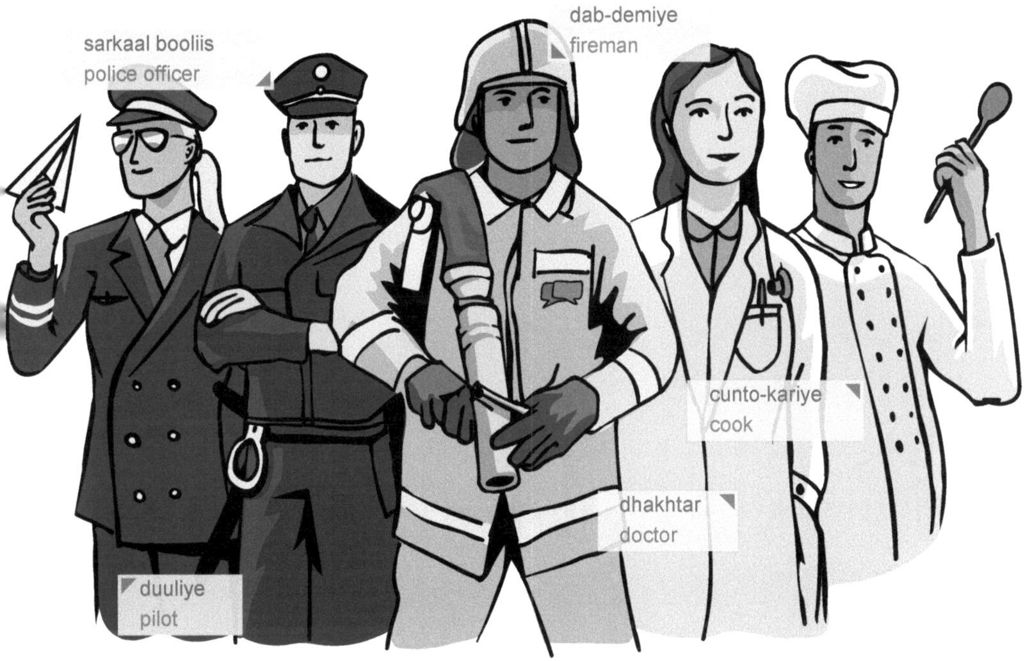
sarkaal booliis
police officer
dab-demiye
fireman
cunto-kariye
cook
dhakhtar
doctor
duuliye
pilot

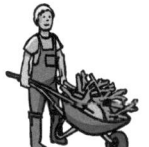

beeralley
gardener

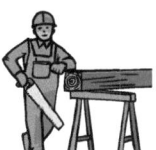

nijaar
carpenter

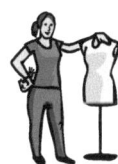

timo-qurxiso
seamstress

qaaddi
judge

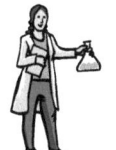

farmashiiste
chemist

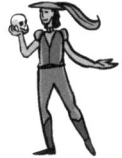

jile
actor

darawal bas

bus driver

taksiile

taxi driver

kalluumeyste

fisherman

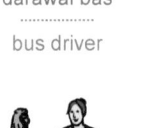

nadiifiso

cleaning lady

saqaf-dhise

roofer

kabalyeeri

waiter

ugaarsade

hunter

rinjiile

painter

rooti-dube

baker

koronto-yaqaan

electrician

dhise

builder

injineer

engineer

kawaanle

butcher

tuubbiiste

plumber

boostaale

postman

askari

soldier

injineer-dhismo

architect

qasnaji

cashier

ubax-yaqaan

florist

timo-jare

hairdresser

kiro-uruuriye

conductor

makaanik

mechanic

kabtan

captain

dhakhtar-ilko

dentist

saaynisyahan

scientist

wadaad yahuud

rabbi

imaam

imam

xerow

monk

wadaad

pastor

qalab

tools

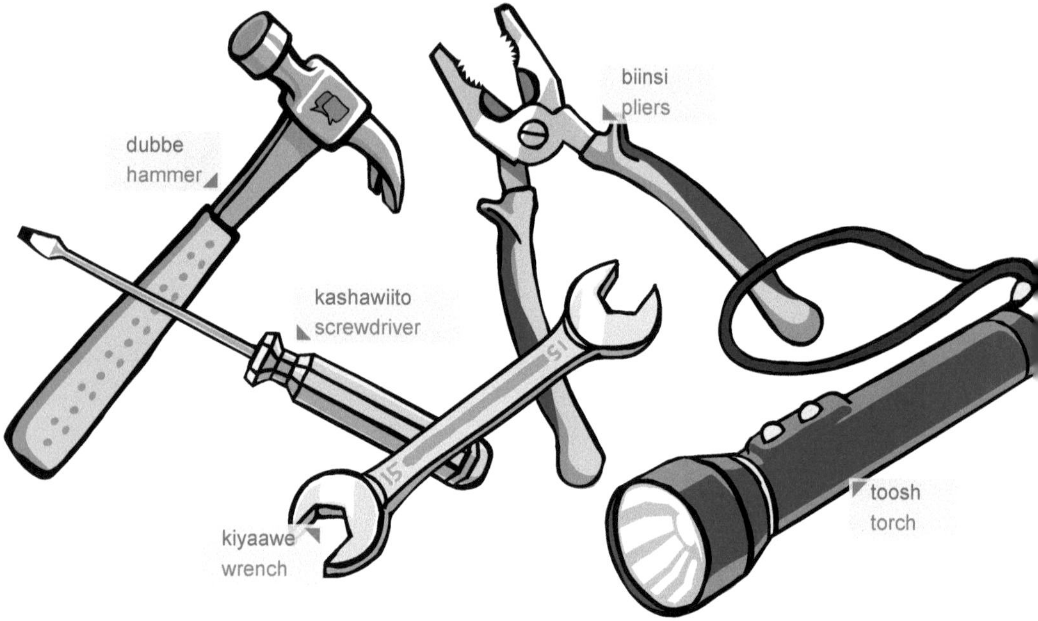

dubbe
hammer
biinsi
pliers
kashawiito
screwdriver
kiyaawe
wrench
toosh
torch

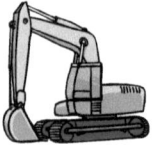

dhul-qoddo

excavator

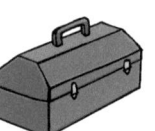

qalab-xajiye

toolbox

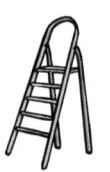

jaraanjaro

ladder

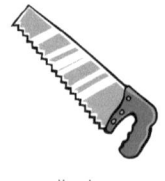

miinshaar

saw

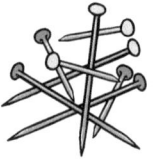

musbaarro

nails

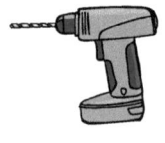

dalooliye

drill

dayactir

repair

badiil

shovel

inkaar kugu dhacday!

Damn!

bus-xaabiye

dustpan

gasacad rinji

paint can

boolal

screws

qalab muusiko
musical instruments

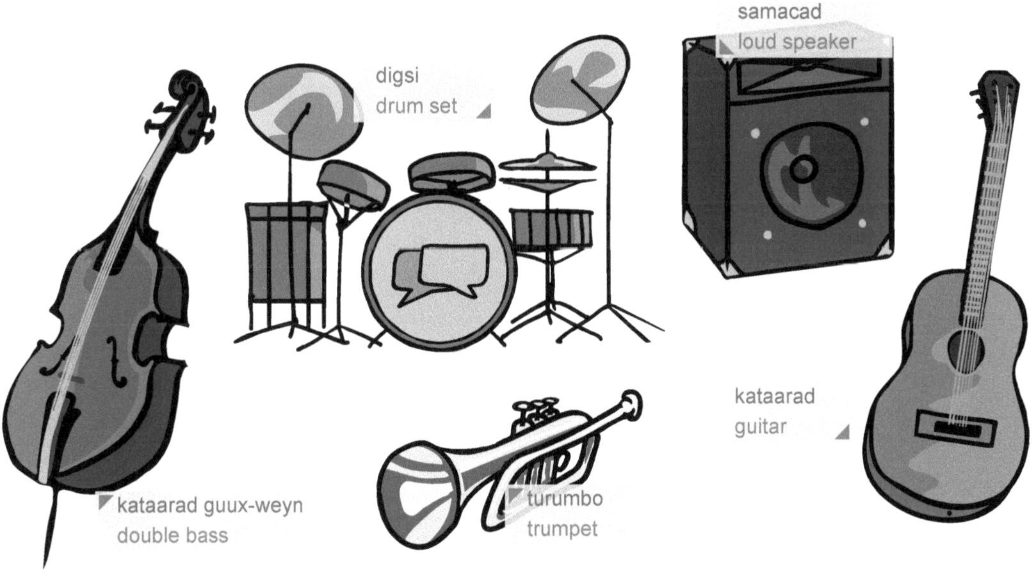

samacad
loud speaker

digsi
drum set

kataarad
guitar

kataarad guux-weyn
double bass

turumbo
trumpet

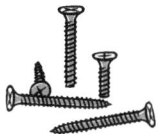

biyaano

piano

fiyooliin

violin

karaarad guux-dheer

bass

durbaan-sheegagle

timpani

durbaan

drums

loox-xarfeed-biyaano

keyboard

turumbo

saxophone

siin-baar

flute

makarafoon

microphone

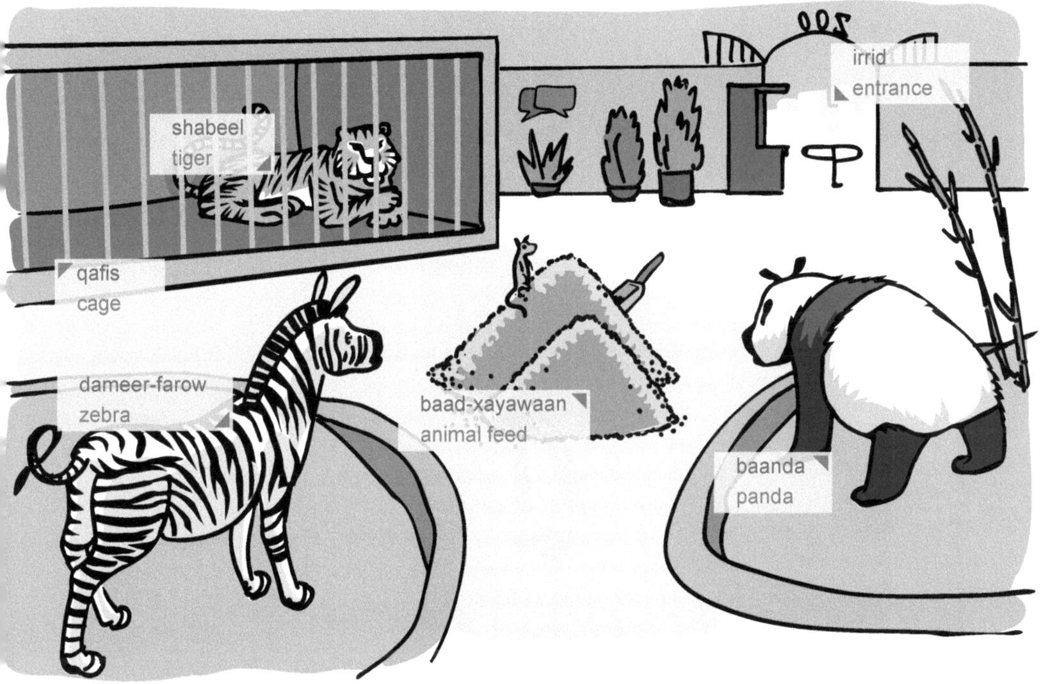

shabeel
tiger

irrid
entrance

qafis
cage

dameer-farow
zebra

baad-xayawaan
animal feed

baanda
panda

xayawaan

animals

maroodi

elephant

kaangaruu

kangaroo

wiyil

rhino

goriille

gorilla

oorso

bear

geel

camel

gorayo

ostrich

libaax

lion

daanyeer

monkey

xiita-luga-dheer

flamingo

baqbaqaa

parrot

oorso baraf-ku-nool

polar bear

shimbir baraf

penguin

libaax-badeed

shark

daa'uus

peacock

mas

snake

yaxaas

crocodile

beer-xayawaan ilaaliye

zookeeper

bahal kalluun-cun

seal

shabeel-u-eke

jaguar

dhal faras

pony

harmacad

leopard

jeer

hippo

geri

giraffe

gorgor

eagle

doofaar-jilibeey

boar

kalluun

fish

qubo

turtle

maroodi-badeed

walrus

dawaco

fox

deero

gazelle

kubadda-cagta maraykanka
American football

tartanka bashkuleetiga
cycling

kubbadda miiska
tennis

kubbadda koleyga
basketball

dabaal
swimming

cayaarta feerka
boxing

hookiga barafka lagu dhe
ice hockey

kubadda cagta
soccer

baadminton
badminton

ciyaaraha fudud
athletics

kubadda gacanta
handball

iskii/ciyaarta barafka
skiing

cayaar-faras
polo

qosol
laugh

boodid
jump

hab-siin
hug

soco
walk

hees
sing

riyo
dream

duceyso
pray

dhunkasho
kiss

qorraxeed
write

masawirid
draw

muuji
show

riix
push

sii
give

qaado
take

haysasho

have

samee

do

ahaansho

be

istaag

stand

orod

run

jiid

pull

tuur

throw

dhicid

fall

been-sheegid

lie

sug

wait

qaad

carry

fariiso

sit

labiso

get dressed

seexo

sleep

toos

wake up

fiiri

look at

ooy

cry

dhuftay

stroke

shanleyso

comb

hadal

talk

faham

understand

weydii

ask

dhageysasho

listen

cab

drink

cun

eat

habee

tidy up

jacayl

love

kari

cook

kaxee

drive

duulid

fly

shiraaco
....
sail

xisaabi
....
calculate

akhri
....
read

barasho
....
learn

shaqee
....
work

guurso
....
marry

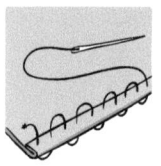

tol
....
sew

cadayso
....
brush teeth

dilid
....
kill

sigaar cab
....
smoke

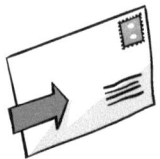

dir
....
send

ayeeyo
grandmother

awoowe
grandfather

aabbe
father

hooyo
mother

ilmo
baby

gabar
daughter

wiil
son

marti
guest

eeddo
aunt

adeer
uncle

walaal rag
brother

walaal dumar
sister

jir

body

fool
forehead
il
eye
garab
shoulder
far
finger
weji
face
gar
chin
gacan
hand
lug
leg
naas
breast
cudud
arm

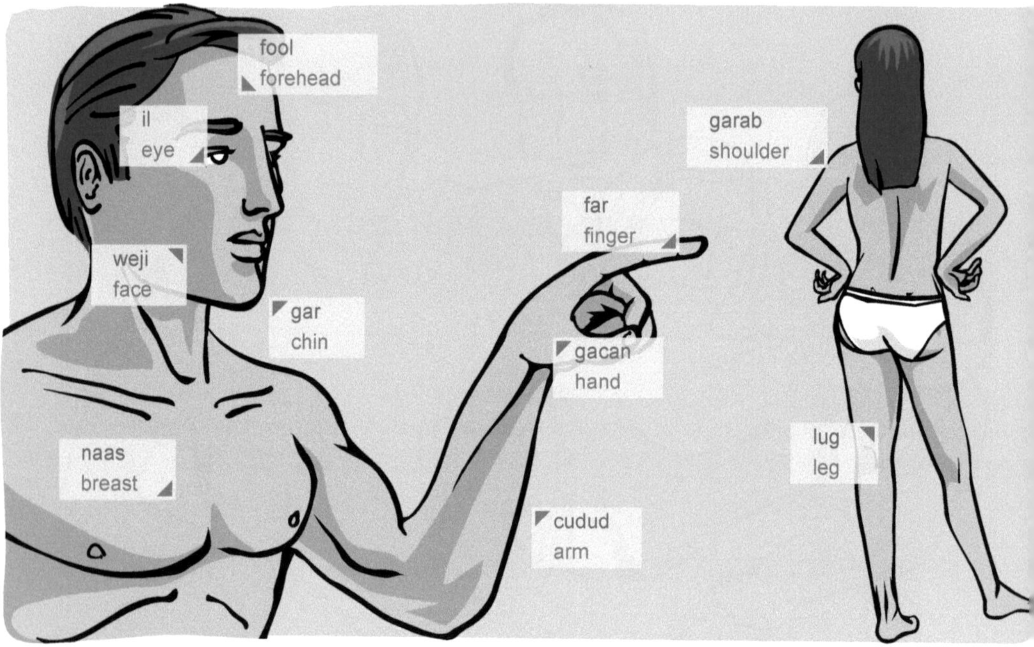

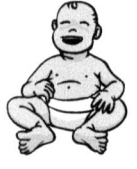

ilmo

baby

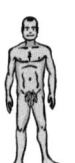

nin

man

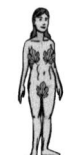

naag

woman

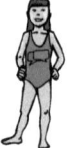

gabar

girl

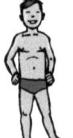

wiil

boy

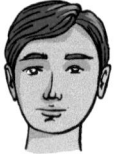

madax

head

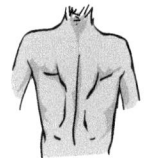

dhabar

back

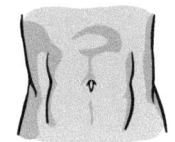

calool

belly

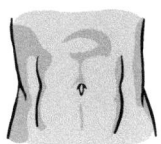

xuddun

navel

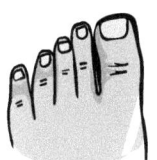

suul

toe

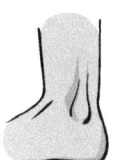

cirib

heel

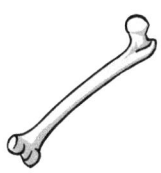

laf

bone

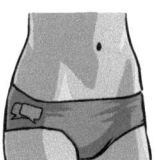

sin

hip

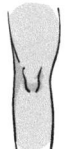

jilib

knee

xusul

elbow

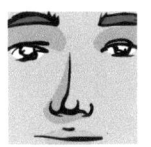

san

nose

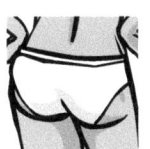

bari

buttocks

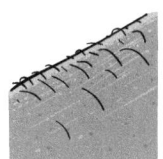

maqaar

skin

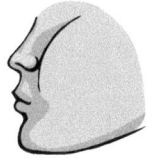

dhafoor

cheek

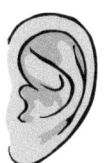

dheg

ear

bishin

lip

af

mouth

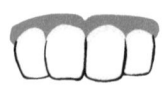

ilig

tooth

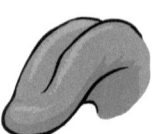

carrab

tongue

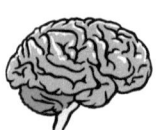

maskax

brain

wadno

heart

muruq

muscle

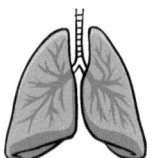

sambab

lung

beer

liver

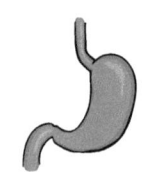

uur kujirta caloosha

stomach

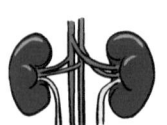

kelyo

kidneys

galmo

sex

cinjir-galmo

condom

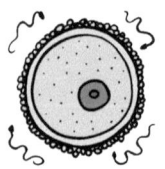

ugxan

ovum

shahwo

semen

uur

pregnancy

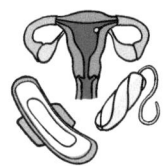

caado

menstruation

siil

vagina

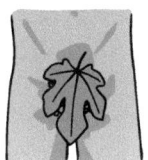

gus

penis

suni

eyebrow

timo

hair

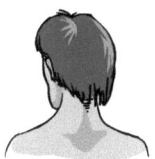

qoor

neck

isbitaal

hospital

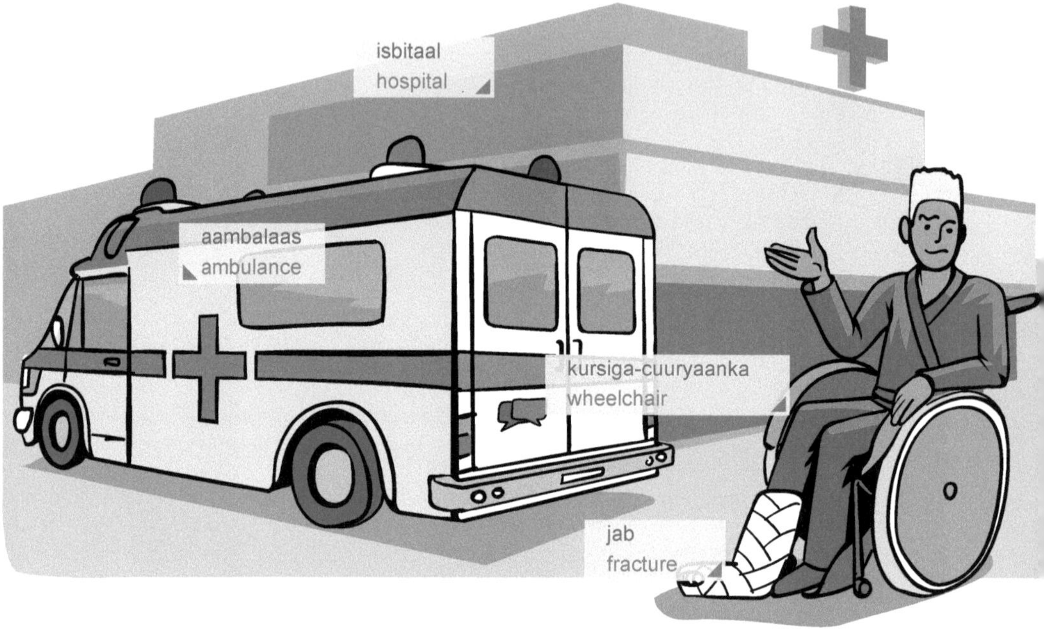

isbitaal
hospital
aambalaas
ambulance
kursiga-cuuryaanka
wheelchair
jab
fracture

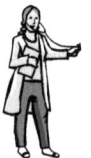

dhakhtar

doctor

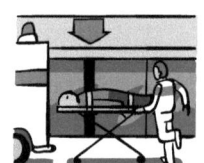

qolka xaaladaha-degdega ah

emergency room

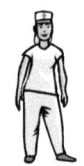

kalkaaliye

nurse

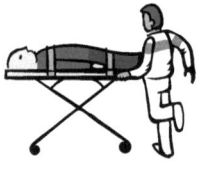

xaalad deg-deg ah

emergency

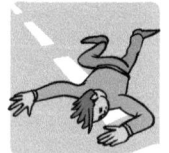

miyir-beelsan

unconscious

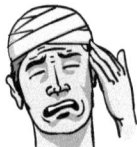

xanuun

pain

dhaawac

injury

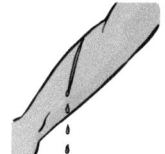

dhiig-bax

bleeding

wadno-xanuun

heart attack

qallal

stroke

xasaasiyad

allergy

qufac

cough

qandho

fever

hargab

flu

shuban

diarrhea

madax-xanuun

headache

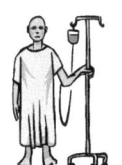

kansar

cancer

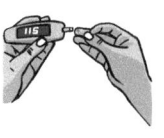

cudurka sokoroow

diabetes

dhakhtarka-qalliinka

surgeon

mindida qalliinka

scalpel

qalliin

operation

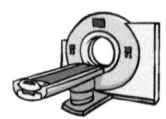

iskaan

CT

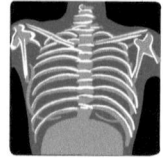

raajo

x-ray

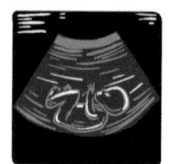

dhawaaq-xawaareed

ultrasound

maaskaro

face mask

cudur sokoroow

disease

qolka sugitaanka

waiting room

ul lagu boodo

crutch

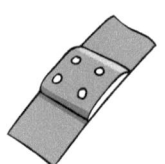

kab

plaster

faashato

bandage

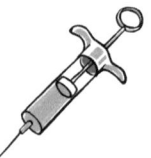

duris

injection

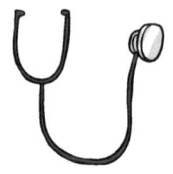

wadne-dhegeyeste

stethoscope

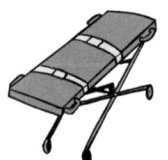

balankiino

stretcher

heer-kul-beega qandhada

clinical thermometer

dhalasho

birth

aad-u-cayilan

overweight

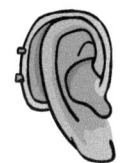

maqal-caawiye

hearing aid

jeermis-dile

disinfectant

caabuq

infection

feyras

virus

AYDHIS/HIV

HIV / AIDS

daawo

medicine

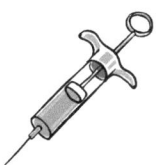

tallaal

vaccination

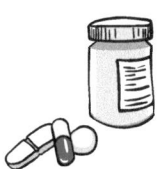

kaniiniyo

tablets

kaniin

pill

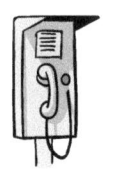

wicitaan deg-deg ah

emergency call

cabbiraha dhiig-karka

blood pressure monitor

xanuunsan / caafimaadsan

ill / healthy

i caawiya!

Help!

sawaxan

alarm

weerar-kadisa ah

assault

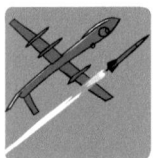

weerar

attack

khatar

danger

irridda bixida xaalad-deg-deg

emergency exit

dab!

Fire!

dab demiye

fire extinguisher

shil

accident

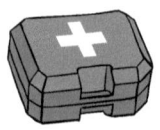

saduuqa xaalada-degdega ah

first-aid kit

codsi badbaado

SOS

booliis

police

Yurub

Europe

woqooyiga ameerika

North America

koonfurta ameerika

South America

Afrika

Africa

Aasiya

Asia

Oostareeliya

Australia

Atlaantik

Atlantic

Pacific

Pacific

Bad-waynta hindiya

Indian Ocean

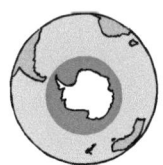

Bad-waynta antarctica

Antarctic Ocean

Bad-waynta arctic

Arctic Ocean

cirifka waqooyi

North pole

cirifka koonfureed

South pole

Antarctica

Antarctica

dhul

earth

dhul

land

bad

sea

jasiirad

island

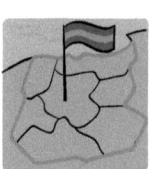

waddan

nation

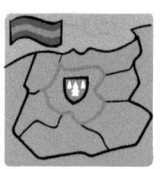

gobol

state

wajiga saacadda

clock face

gacanka saacada

hour hand

gacanka daqiiqada

minute hand

gacanka ilbiriqsiga

second hand

waa intee saac?

What time is it?

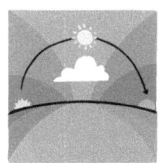

maalin

day

wakhti

time

hadda

now

saacadda jiifarrada

digital watch

daqiiqad

minute

saacad

hour

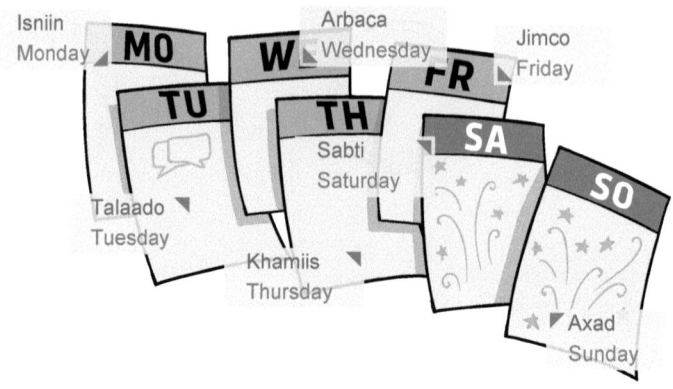

Isniin
Monday

MO

W Arbaca
Wednesday

Jimco
Friday

FR

TU

TH

SA

SO

Talaado
Tuesday

Sabti
Saturday

Khamiis
Thursday

Axad
Sunday

shalay

yesterday

maanta

today

berri

tomorrow

subax

morning

duhur

noon

casir

evening

maalmaha shaqo

workdays

dabayaaqada usbuuca

weekend

sanad

year

roob
rain
qaanso-roobaad
rainbow
roob-baraf
snow
dabayl
wind
gu'
spring
xagaa
summer
deyr
fall
jiilaal
winter

4.APRIL 11°
5.APRIL 4°
6.APRIL 13°
7.APRIL 8°
8.APRIL 10°

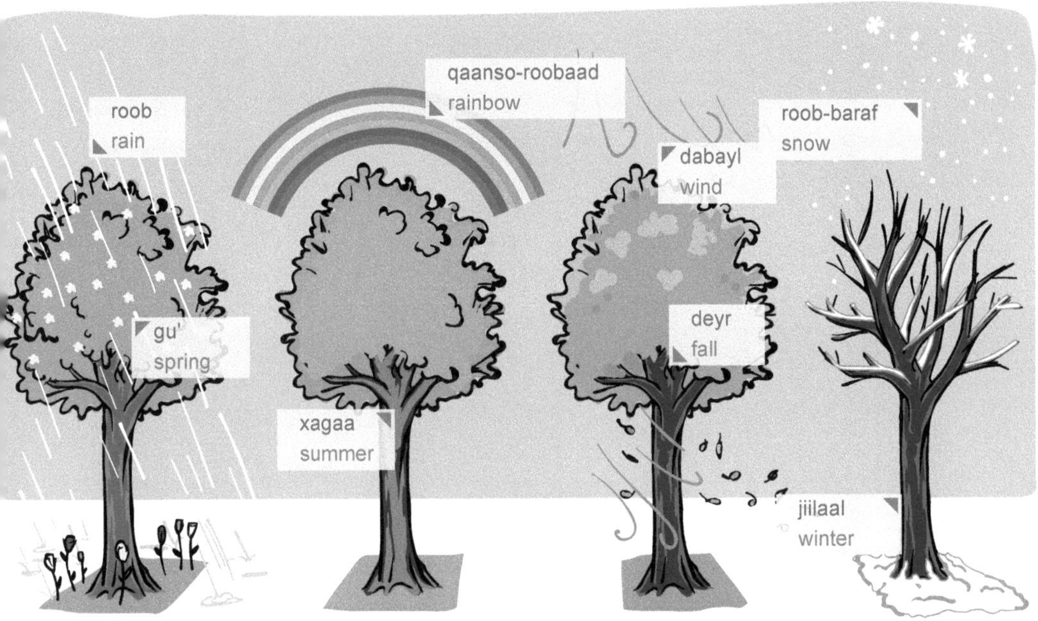

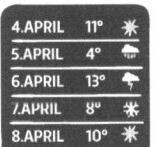

saadaal hawo
....
weather forecast

F C
120 40
90 30
60 20
30 10
0 0
-30 -10
-20

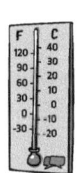

heer-kul baare
....
thermometer

qorraxeed
....
sunshine

daruur
....
cloud

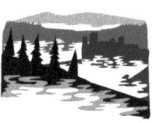

ceeryaamo
....
fog

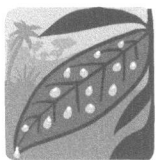

huur
....
humidity

jac

lightning

onkod

thunder

duufaan

storm

roob-baraf

hail

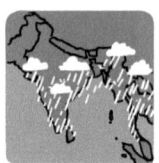

maansuun

monsoon

daad

flood

baraf

ice

Jannaayo

January

Febraayo

February

Maarso

March

Abriil

April

Mey

May

Juun

June

Luulyo

July

Agoosto

August

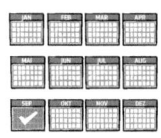

Sebteember
················
September

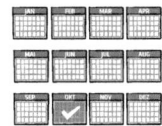

Oktoobar
················
October

Nofeember
················
November

Diseember
················
December

goobaabo
················
circle

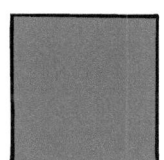

afar-gees
················
square

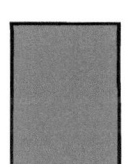

leydi
················
rectangle

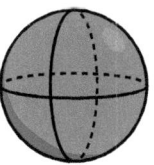

saddex-xagal
················
triangle

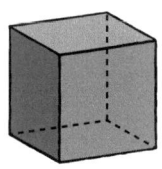

wareeg
················
sphere

bokis
················
cube

caddaan

white

hurdi

yellow

oranji

orange

guduud-khafiif

pink

casaan

red

carwaajis

purple

bluug

blue

cagaar

green

boroon

brown

cawl

gray

madow

black

badan / yar

a lot / a little

caro / daganaan

angry / calm

qurxoon / foolxun

beautiful / ugly

billow / dhammaad

beginning / end

yar / weyn

big / small

iftiin / mugdi

bright / dark

walaalkaa / walaashaa

brother / sister

nadiif / wasakhaysan

clean / dirty

buuxa / dhantaalan

complete / incomplete

maalin / habeen

day / night

dhintay / nool

dead / alive

ballaaran / ciriiri ah

wide / narrow

la cuni karo / aan la cuni karin
....
edible / inedible

arxan-daran / naxariis-badan
....
evil / kind

faraxsan / caajisan
....
excited / bored

buuran / caateysan
....
fat / thin

ugu horeeya / ugu dambeeya
....
first / last

saaxiib / cadaw
....
friend / enemy

maran / buuxa.
....
full / empty

adag / jilicsan
....
hard / soft

culus / fudud
....
heavy / light

gaajo / oon
....
hunger / thirst

xanuunsan / caafimaadsan
....
ill / healthy

sharci-darro / sharci
....
illegal / legal

caaqil / dabbaal
....
intelligent / stupid

bidix / midig
....
left / right

dhow / fog
....
near / far

cusub / duug

new / used

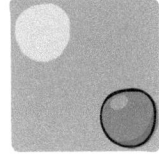

waxba / wax

nothing / something

da' / dhalinyar

old / young

daaris / damin

on / off

furan / xiran

open / closed

aamusnaan / cod-dheer

quiet / loud

taajir / sabool

rich / poor

sax / khalad

right / wrong

jilif leh / sabiibax

rough / smooth

murugsan / faraxsan

sad / happy

gaaban / dheer

short / long

tartiib / dhaqsi

slow / fast

qoyaan / qalleyl

wet / dry

qandac / qabow

warm / cool

dagaal / nabad

war / peace

numbers

0

eber

zero

1

kow

one

2

laba

two

3

saddex

three

4

afar

four

5

shan

five

6

lix

six

7

toddoba

seven

8

sideed

eight

9

sagaal

nine

10

toban

ten

11

kow iyo toban

eleven

12

laba iyo toban

twelve

13

sadex iyo toban

thirteen

14

afar iyo toban

fourteen

15

shan iyo toban

fifteen

16

lix iyo toban

sixteen

17

todoba iyo toban

seventeen

18

sideed iyo toban

eighteen

19

sagaal iyo toban

nineteen

20

labaatan

twenty

100

boqol

hundred

1.000

kun

thousand

1.000.000

malyuun

million

Af ingiriis

English

Ingiriiska Mareykanka

American English

Mandariinka Shiinaha

Chinese Mandarin

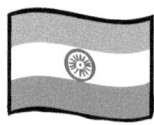

Hindi

Hindi

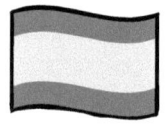

Boortaqiis

Spanish

Faransiis

French

Carabi

Arabic

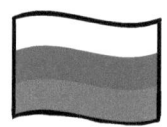

Ruush

Russian

Boortaqiis

Portuguese

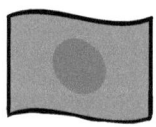

Bengaali

Bengali

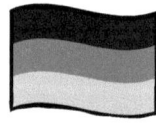

Jarmal

German

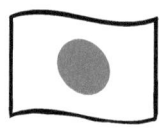

Jabaaniis

Japanese

aniga

I

adiga

you

asaga / ayada

he / she / it

annaga

we

idinka

you

ayaga

they

kee?

who?

maxay?

what?

sidee?

how?

xagee?

where?

goorma?

when?

magac

name

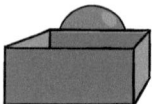

gadaal

behind

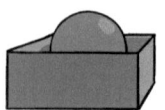

gudaha

in

horta

in front of

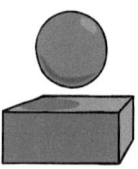

ka sare

over

dusha

on

ka hooseeya

under

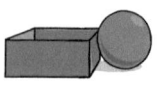

dhinac

beside

u dhexeeya

between

meel

place